D0760838

Cambios que suceden en la naturaleza

El ciclo del agua

Bobbie Kalman y Rebecca Sjonger

Crabtree Publishing Company

www.crabtreebooks.com

Creado por Bobbie Kalman

Dedicado por Heather Fitzpatrick
A mi querida amiga Marcelle Welch, quien honra a todos los elementos de la Tierra.

Editora en jefe
Bobbie Kalman

Equipo de redacción
Bobbie Kalman
Rebecca Sjonger

Editoras
Molly Aloian
Robin Johnson
Kelley MacAulay
Kathryn Smithyman

Diseño
Margaret Amy Salter

Coordinación de producción
Heather Fitzpatrick

Investigación fotográfica
Crystal Foxton

Consultor
Dr. Richard Cheel, Profesor de
Ciencias de la Tierra, Brock University

Consultor lingüístico
Dr. Carlos García, M.D., Maestro bilingüe de Ciencias, Estudios Sociales y Matemáticas

Agradecimiento especial a
Sophie Izikson

Ilustraciones
Barbara Bedell: páginas 9, 10
Katherine Kantor: página 12
Robert MacGregor: página 19
Margaret Amy Salter: página 20

Fotografías
BigStockPhoto.com: Eli Mordechai: página 18;
    Jason Stitt: página 23 (parte superior)
iStockphoto.com: Paige Falk: página 16;
    Michael Karlsson: página 25 (parte superior);
    David Maczkowiack: página 25 (parte inferior);
    Kokleong Tan: página 23 (parte inferior)
Bobbie Kalman: página 31 (parte superior)
Otras imágenes de Adobe Image Library, Comstock, Corbis, Corel,
    Digital Stock, Digital Vision, Ingram Photo Objects, MetaPhotos,
    Photodisc, TongRo Image Stock y Weatherstock

Traducción
Servicios de traducción al español y de composición de textos suministrados
    por translations.com

Library and Archives Canada Cataloguing in Publication

Kalman, Bobbie, 1947-
    El ciclo del agua / Bobbie Kalman & Rebecca Sjonger.

(Cambios que suceden en la naturaleza)
Includes index.
Translation of: The water cycle.
ISBN-13: 978-0-7787-8374-9 (bound)
ISBN-13 978-0-7787-8388-6 (pbk.)
ISBN-10: 0-7787-8374-X (bound)
ISBN-10: 0-7787-8388-X (pbk.)

    1. Hydrologic cycle--Juvenile literature. 2. Water--Juvenile literature.
I. Sjonger, Rebecca II. Title. III. Series.
GB848.K3418 2006   j551.48   C2006-904550-X

Library of Congress Cataloging-in-Publication Data

Kalman, Bobbie.
    [Water cycle. Spanish]
    El ciclo del agua / written by Bobbie Kalman & Rebecca Sjonger.
       p. cm. -- (Cambios que suceden en la naturaleza)
    ISBN-13: 978-0-7787-8374-9 (rlb)
    ISBN-10: 0-7787-8374-X (rlb)
    ISBN-13: 978-0-7787-8388-6 (pb)
    ISBN-10: 0-7787-8388-X (pb)
    1. Water--Juvenile literature. 2. Hydrologic cycle--Juvenile literature.
I. Sjonger, Rebecca. II. Title. III. Series.

GB662.3.K35418 2006
551.48--dc22

                                                      2006025164

Crabtree Publishing Company

www.crabtreebooks.com   1-800-387-7650

Copyright © **2007 CRABTREE PUBLISHING COMPANY**. Todos los derechos reservados. Se prohíbe la reproducción total o parcial de esta obra, su almacenamiento en un sistema de recuperación o su transmisión en cualquier forma y por cualquier medio, ya sea electrónico o mecánico, incluido el fotocopiado o grabado, sin la autorización previa por escrito de Crabtree Publishing Company. En Canadá: Agradecemos el apoyo económico del gobierno de Canadá a través del programa *Book Publishing Industry Development Program* (Programa de desarrollo de la industria editorial, BPIDP) para nuestras actividades editoriales.

Publicado en Canadá
Crabtree Publishing
616 Welland Ave.,
St. Catharines, ON
L2M 5V6

Publicado en los Estados Unidos
Crabtree Publishing
PMB16A
350 Fifth Ave., Suite 3308
New York, NY 10118

Publicado en el Reino Unido
Crabtree Publishing
White Cross Mills
High Town, Lancaster
LA1 4XS

Publicado en Australia
Crabtree Publishing
386 Mt. Alexander Rd.
Ascot Vale (Melbourne)
VIC 3032

Contenido

El planeta de agua

Observa todas las partes azules de la Tierra. Son agua. A veces a la Tierra se le llama "el planeta de agua" porque tiene mucha agua. Casi toda el agua de la Tierra está en los océanos. También hay agua en lagos, lagunas, ríos y arroyos. ¡Incluso hay agua bajo la tierra!

¡Necesitamos agua!

Sin agua, en la Tierra no habría seres vivos. Todos los seres vivos necesitan agua para sobrevivir. Sin agua, las plantas no pueden crecer. Los animales y los seres humanos tampoco pueden vivir mucho sin agua.

Los animales y los seres humanos necesitan beber agua para sobrevivir. Estas cebras están tomando agua en un día caluroso.

Las plantas necesitan agua para sobrevivir. Las raíces de estas nuevas plantas toman agua del suelo.

Líquido, sólido y gaseoso

El agua siempre está cambiando. Cambia cuando se calienta y también cuando se enfría. Los tres estados del agua son: **líquido**, **sólido** y **gaseoso**. El agua en estado gaseoso es vapor de agua. Cuando está en estado líquido, puedes beberla y nadar en ella. El agua en estado sólido es nieve o hielo.

Del estado líquido al gaseoso

Cuando el agua se calienta, se convierte en vapor de agua. Cuando hierve la tetera, se puede ver el vapor de agua que se produce. En un día frío, tu respiración también contiene vapor de agua.

Del estado gaseoso al líquido

El vapor de agua se vuelve a convertir en líquido cuando el aire que lo rodea se enfría. Si sostienes un vaso frío cerca del vapor de una tetera, se formarán gotas de agua sobre el vidrio.

Líquido y sólido

El agua en estado líquido pasa al estado sólido cuando se congela. Cuando la nieve o el hielo se derriten, el agua vuelve al estado líquido.

La nieve y el hielo son agua en estado sólido.

El ciclo del agua

A medida que pasa de un estado al otro, el agua se mueve. Pasa de la tierra al cielo en forma de vapor de agua. Luego vuelve a caer a la Tierra en forma de lluvia o nieve. El movimiento del agua hacia el aire y de vuelta a la Tierra se llama **ciclo del agua**.

Vueltas y vueltas

El sol y el viento mueven el agua. El agua pasa a formar parte de las nubes, el suelo, las plantas, los animales, los seres humanos y los océanos. Los océanos contienen **corrientes de agua**, que también se mueven de un lugar a otro.

¡Nunca se detiene!

El ciclo del agua nunca se detiene. El agua no permanece en un solo lugar, sino que se mueve de una parte del mundo a otra. En la próxima página puedes ver los cambios del ciclo del agua.

Palabras relacionadas con el agua

Las palabras de este cuadro explican los cambios de estado del agua en el ciclo del agua.

agua subterránea El agua subterránea es la que se encuentra bajo la superficie del suelo.

condensación Se produce cuando el vapor de agua se encuentra con aire frío y se convierte en líquido.

evaporación Se produce cuando el agua se calienta y pasa de estado líquido a vapor de agua.

precipitación Es el agua que cae del cielo. La lluvia, la nieve, el **granizo** y el **aguanieve** son tipos de precipitación.

transpiración Las plantas **absorben** o toman agua del suelo. La transpiración se produce cuando las plantas sueltan vapor de agua por las hojas.

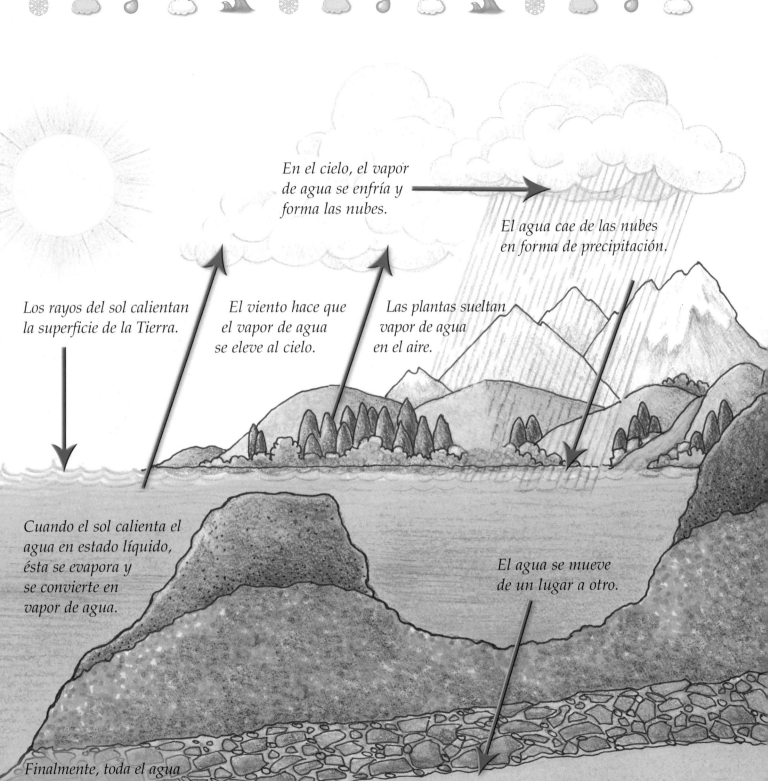

En el cielo, el vapor de agua se enfría y forma las nubes.

El agua cae de las nubes en forma de precipitación.

Los rayos del sol calientan la superficie de la Tierra.

El viento hace que el vapor de agua se eleve al cielo.

Las plantas sueltan vapor de agua en el aire.

Cuando el sol calienta el agua en estado líquido, ésta se evapora y se convierte en vapor de agua.

El agua se mueve de un lugar a otro.

Finalmente, toda el agua vuelve a los océanos.

El agua penetra en la tierra y se convierte en agua subterránea.

9

El calor del sol

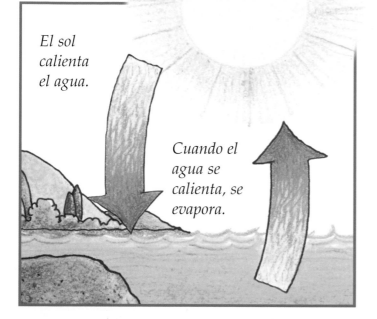

El sol calienta el agua.

Cuando el agua se calienta, se evapora.

El calor del sol calienta la Tierra y todo lo que se encuentra en ella. La superficie o capa superior del agua de los océanos, ríos y lagos es la que más se calienta. El agua se evapora de la superficie y se convierte en vapor de agua. En un día caluroso se calienta mucha agua. Cuando hace calor, la evaporación se produce rápidamente. Cuando hace frío, la evaporación se produce lentamente.

En los días de mucho sol y calor, la evaporación se produce rápidamente.

Al aire

Aunque no puedas verlo, hay vapor de agua en todo el aire que te rodea. En un día caluroso, el aire se puede sentir **húmedo** o pesado. El aire húmedo contiene mucho vapor de agua. El viento eleva parte del vapor de agua al cielo. También puede llevar el vapor de agua lejos del lugar en el que estaba en estado líquido.

*A veces se puede ver el vapor de agua en el aire. Esto se llama **neblina**.*

De gaseoso a líquido

El viento transporta el vapor de agua al cielo, donde el aire es más frío. Cuando el vapor de agua se enfría, se forman diminutas gotas de agua. El paso del estado gaseoso al líquido se llama condensación. Se suele producir a mucha altura porque el aire frío no puede contener tanto vapor de agua como el aire caliente.

2. A mucha altura, el aire es frío. El vapor de agua se condensa y forma diminutas gotas de agua.

1. El sol calienta el aire cerca de la Tierra. El aire caliente se eleva hacia el cielo.

Haz la prueba

Puedes ver cómo se produce la condensación. Sirve agua muy fría en un vaso. Espera unos minutos y observa el vaso atentamente. Verás que se forman gotas de agua en el exterior del vaso. ¿De dónde salieron? Vienen del aire que te rodea. Cuando el vapor de agua del aire se encontró con el vaso frío, se formaron gotas de agua en el vidrio.

El rocío de la mañana

Sin el calor del sol, el aire es más frío por la noche que durante el día. El vapor de agua se condensa en el aire frío de la noche y cubre la Tierra de rocío. El rocío consiste en gotas de agua que se forman en las superficies frías durante la noche. La temperatura a la que se forma el rocío se llama **punto de rocío**.

En esta hoja se pueden ver gotas de rocío. La ranita beberá parte de esta agua.
Otros animales también beben rocío.

En las nubes

Cuando las diminutas gotas de agua chocan entre sí en el cielo, forman gotas grandes. Miles de estas gotas grandes se pueden unir. Cuando esto sucede, se forman las nubes. Las nubes pueden tener muchas formas y tamaños. El aspecto de una nube depende de la temperatura del aire, la dirección del viento y la altura de la nube en el cielo.

¿Cómo se llaman las nubes?

Al mirar las nubes se puede **predecir** o anticipar cómo estará el tiempo. Las nubes blancas y delicadas se llaman **cirros**. Los cirros se forman a mucha altura e indican pocas probabilidades de lluvia. Las nubes gordas y esponjosas se llaman **cúmulos**. Estas nubes suelen formarse en el cielo antes de las tormentas eléctricas.

Estas nubes delgadas son cirros.

Los cúmulos suelen tener una base plana y un aspecto algodonoso en la parte superior.

*La **niebla** es una nube que se forma cerca del suelo.*

15

Agua que cae

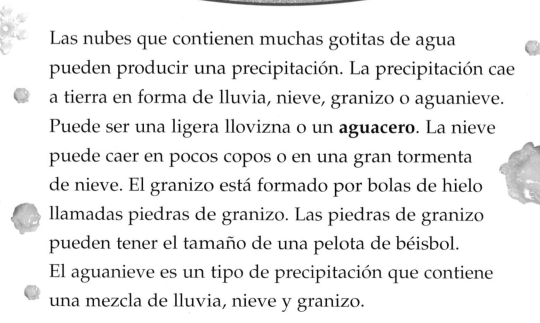

Las nubes que contienen muchas gotitas de agua pueden producir una precipitación. La precipitación cae a tierra en forma de lluvia, nieve, granizo o aguanieve. Puede ser una ligera llovizna o un **aguacero**. La nieve puede caer en pocos copos o en una gran tormenta de nieve. El granizo está formado por bolas de hielo llamadas piedras de granizo. Las piedras de granizo pueden tener el tamaño de una pelota de béisbol. El aguanieve es un tipo de precipitación que contiene una mezcla de lluvia, nieve y granizo.

Lluvia y nieve

Las nubes que se forman en la parte baja del cielo están formadas por gotas de agua. En estas nubes se puede formar la lluvia. Se necesitan cientos de gotas de agua para formar una sola gota de lluvia. Cuando las nubes se forman a mucha altura, están formadas principalmente por **cristales de hielo**. Cuando se unen muchos cristales, forman un copo de nieve. Los copos pesados caen al suelo en forma de nieve.

Océanos y montañas

Las zonas de tierra cercanas a los océanos reciben mucha más precipitación que las zonas alejadas de las costas. Las regiones cercanas a las montañas, como se ve a continuación, también reciben mucha precipitación. Cuando las nubes se elevan para pasar sobre las montañas, chocan con aire frío. No pueden sostener su vapor de agua en el aire frío. Entonces, llueve o nieva.

17

Agua en el suelo

Parte de la precipitación que cae en la tierra penetra en el suelo. El agua que permanece en la tierra cerca de la superficie se llama **humedad del suelo**. Las raíces de las plantas absorben esta humedad.

Las plantas usan el agua para crecer. El suelo seco absorbe más agua que el que ya está mojado. Si el suelo ya está mojado, se forman charcos en la superficie de la tierra y de ellos beben los animales.

Estas flechas muestran el agua que se evapora de las hojas.

tallo

suelo

agua

raíces

Transpiración

El agua puede permanecer en forma de humedad del suelo por poco o mucho tiempo. Las plantas absorben parte de esta humedad. Al producir su alimento, las plantas sueltan agua a través de las hojas. El agua se evapora y vuelve a formar parte del ciclo del agua. La evaporación a través de las hojas de las plantas se llama transpiración.

Liberar agua

Las plantas llevan el agua por las raíces y el tallo hasta las hojas. Las hojas tienen diminutos orificios llamados **estomas**. Parte del agua sale de la planta a través de los estomas. Una vez fuera de la planta, el agua se evapora.

19

Agua subterránea

Parte del agua del suelo penetra profundamente en la tierra. Esta agua se llama agua subterránea. Con el tiempo, el agua subterránea se acumula en **acuíferos**. Los acuíferos son mantos rocosos que se encuentran a gran profundidad bajo tierra en la **zona saturada** (ver página 21). Los acuíferos tienen diminutos orificios, de modo que pueden absorber el agua y conservarla. Finalmente, el agua subterránea se filtra y sale de los acuíferos para fluir en ríos y arroyos.

El agua de este arroyo una vez estuvo en un acuífero subterráneo.

La zona insaturada

Cerca de la superficie de la tierra hay ciertos espacios llenos de aire o de humedad del suelo. Siempre hay algo de aire en el suelo, de manera que éste no está **saturado**, es decir, no está lleno de agua. La capa de suelo que contiene humedad del suelo y aire se llama la **zona insaturada**.

La zona saturada

Parte del agua fluye más profundamente en la tierra y se convierte en agua subterránea. Esta agua se acumula en el suelo y las rocas. En cierto punto, se acumula tanta agua que el suelo se **satura** totalmente. Esta capa de suelo es la zona saturada. En esta zona, el suelo no contiene aire.

suelo

rocas

zona insaturada

zona saturada

En la zona insaturada, el agua y el aire ocupan los espacios que se encuentran entre el suelo y las rocas. En la zona saturada, el agua subterránea llena todos los espacios que se encuentran entre el suelo y las rocas.

Agua dulce

El agua subterránea y el agua de los lagos y arroyos es agua dulce. El **agua dulce** no contiene mucha sal, por lo tanto se puede beber. Muchos seres vivos necesitan agua dulce para sobrevivir. El agua dulce no se encuentra únicamente en estado líquido. Más de dos terceras partes del agua dulce de la Tierra se encuentra en forma de hielo y nieve.

Acumular agua

Los seres humanos usamos agua dulce para beber, cocinar, bañarnos y lavar la ropa. Para asegurarnos de que haya agua suficiente para todos, acumulamos y almacenamos agua dulce. La guardamos en grandes tanques o **embalses**. Un embalse, como el que se ve a continuación, es un lago hecho por los seres humanos.

Agua que corre

No todos los tipos de precipitación penetran en el suelo. En algunos lugares, el suelo es demasiado empinado o pedregoso para absorber agua. El suelo saturado tampoco puede absorber agua. Parte de la lluvia y la nieve derretida baja por las laderas. El agua que corre por la tierra se llama **escorrentía**. La escorrentía desemboca en lagos, ríos y arroyos. Por último, termina de vuelta en los océanos, como toda el agua.

Caños subterráneos

Hay mucha escorrentía en los pueblos y ciudades porque el agua no puede penetrar el pavimento. La mayor parte fluye hacia las **alcantarillas**, que son caños subterráneos que llevan la escorrentía a ríos, lagos y océanos. Algunas alcantarillas también llevan desechos.

Sin alcantarillas, la escorrentía podría ***inundar*** *las calles de las ciudades.*

Esta tierra ya no puede absorber más agua. El agua que no se haya absorbido se convertirá en escorrentía.

Océanos de agua salada

Toda escorrentía contiene pequeños trozos de rocas y **minerales**. Uno de los minerales que contiene es sal, de manera que la escorrentía es ligeramente salada. El ciclo del agua se ha repetido durante millones de años. Durante todo ese tiempo, la escorrentía ha estado llevando agua salada a los océanos. Por eso los océanos contienen **agua salada**.

Animales del océano

En los océanos viven millones de animales. Su cuerpo está perfectamente adaptado para vivir en el agua salada. De hecho, si no hubiera agua salada, ¡estos animales morirían!

Agua que cambia

El agua que hay en la Tierra en la actualidad es la misma que había hace mucho tiempo. Sin embargo, el agua está cambiando. Gran parte se está **contaminando** o ensuciando debido a los actos de los seres humanos. Los autos y las fábricas producen **sustancias químicas** y gases tóxicos. Parte de estas sustancias tóxicas penetran en el suelo y contaminan el agua subterránea. Otras sustancias químicas pasan a formar parte del aire. Cuando llueve o nieva, esas sustancias se mezclan con el agua y se produce **lluvia ácida**. La lluvia ácida es precipitación que contiene sustancias químicas tóxicas. Es perjudicial para las plantas y los animales, y contamina el agua de océanos, ríos, lagos y arroyos.

Aumento de la temperatura

Algunos científicos creen que la contaminación es la causa de que la Tierra se esté calentando cada vez más todos los años. El aumento de la temperatura en la Tierra hace que los océanos se calienten. Si los océanos se calientan, se producirán cambios en el clima. Lloverá más y también habrá enormes tormentas llamadas **huracanes**. Los huracanes son tormentas de vientos muy veloces que se forman sobre los océanos. Cuando el viento sopla sobre la tierra, el agua del océano se eleva e invade la tierra.

Incluso pequeños cambios en la temperatura de los océanos pueden producir la muerte de las plantas y los animales que viven allí.

En tierra, los huracanes causan mucho daño.

29

¡Estás hecho de agua!

La Tierra se diferencia de los demás planetas en que contiene agua. El agua está en todas partes y forma parte de todo. Las plantas y los animales están formados principalmente por agua. El agua ha moldeado las rocas. El suelo contiene agua.

El agua se mueve

El agua corre en ríos, se estrella en forma de poderosas olas, cae como lluvia suave, cae en cascadas y cataratas, vuela en forma de delicados copos de nieve, avanza lentamente en mantos de niebla y siempre vuelve a los océanos.

¡Nos encanta el agua!

Cuando miramos al cielo,
vemos agua en las nubes.
A veces nos cae en el rostro en forma de lluvia; a veces, en forma de nieve.
Nos encanta el agua en todas sus formas.
Nos encanta beberla, fría o caliente.
Nos encanta bañarnos y nadar en ella.
Nos encanta esquiar por colinas nevadas y patinar sobre hielo resbaladizo.
Cuando el sol brilla a través del agua del aire, el agua muestra los colores de la luz y aparece un bello arco iris.
¡Y los arco iris nos gustan más que nada!

Necesitamos agua

La mayor parte de la Tierra está compuesta por agua.
La mayor parte de nuestro cuerpo también está compuesto por agua.
Somos criaturas de agua y vivimos en un planeta de agua.
Sin el agua, nuestro cuerpo no funcionaría.
Nuestra sangre no podría llevar oxígeno a los pulmones.
Nuestro cerebro no podría pensar.
Nuestros huesos se quebrarían.
No podríamos comer.
¡Cada parte de nuestro cuerpo necesita agua!

El agua nos mantiene con vida

A veces nos olvidamos de la importancia que el agua tiene para nosotros.
La derrochamos o la ensuciamos.
Pensamos que tenemos más que suficiente, pero no queda tanta agua limpia.
Debemos respetar el agua.
Debemos estar agradecidos por el agua.
Debemos amar el agua.
¡Debemos recordar que el agua nos mantiene vivos!

Estás hecho de agua

Para mostrar qué sientes por el agua, pronuncia estas palabras:
"Agua, te amo".
"Agua, te agradezco".
"Agua, te respeto".
Y… no lo olvides: ¡TÚ ERES AGUA!

Palabras para saber

Nota: Es posible que las palabras en negrita que están definidas en el texto no aparezcan en esta página.

agua salada Agua que contiene mucha sal

aguacero Una lluvia fuerte

aguanieve Granizo mezclado con lluvia o nieve

corriente de agua Fuerte movimiento de agua en una dirección determinada

cristal de hielo Pequeño pedazo de hielo que se forma en el cielo cuando el aire es frío

granizo Precipitación en forma de bolas de hielo que caen desde cierto tipo de nubes

húmedo Palabra para describir el aire que contiene mucho vapor de agua

inundar Desbordar con grandes cantidades de agua

líquido Estado del agua en que ésta fluye libremente

mineral Cristal del suelo que ayuda a las plantas a crecer

sólido Estado del agua en que ésta tiene una forma firme definida

sustancia química Sustancia natural o producida por los seres humanos que puede ser perjudicial para los seres vivos

Índice

Impreso en Canadá

HFLOX + SP

Friends of the 551

Houston Public Library .48

K

KALMAN, BOBBIE
EL CICLO DEL AGUA

FLORES
11/07